GW00854432

The Beacons
and Beyond...

Caring for the Countryside
in South-east Wales

Y Bannau
a Thu Hwnt...

Gofalu am Gefn Gwlad
De-ddwyrain Cymru

YR YMDDIRIEDOLAETH GENEDLAETHOL
THE NATIONAL TRUST

Contents Cynnwys

SUGAR LOAF
PEN-Y-FAL

The National Trust is well known as a guardian of grand stately homes. But, first and foremost, it acts as a custodian of Britain's beautiful places, preserving mountains, moors and seashores as 'a place to breathe'. The Trust began life in Wales in 1895 when it acquired its first piece of land, the 2ha Dinas Oleu headland overlooking the Mawddach estuary above Barmouth. From these small beginnings it has grown into Britain's biggest landholder, caring for vast tracts of precious and endangered countryside and coastline.

Mae'r Ymddiriedolaeth Genedlaethol yn adnabyddus am warchod plastai gwych. Yn bennaf oll, fodd bynnag, mae'n geidwad ar ardaloedd hyfrytaf Prydain, gan warchod mynyddoedd, rhostiroedd a glannau môr fel 'man i anadlu'. Cychwynnodd yr Ymddiriedolaeth yng Nghymru ym 1895 pan ddaeth yn berchen ar ei darn cyntaf o dir sef Dinas Oleu, clogwyn o 2ha uwchben Dyffryn y Mawddach a'r Bermo. O'r cychwyn bychan hwn mae wedi tyfu i fod yn ddeiliad tir mwyaf Prydain, gan ofalu am lecynnau enfawr o gefn gwlad ac arfordir sydd yn werthfawr ac o dan fygythiad.

The highest peaks of the Brecon Beacons are in the care of the National Trust
Mae copaon uchaf Bannau Brycheiniog yng ngofal yr Ymddiriedolaeth Genedlaethol

The Trust's landholdings in South-east Wales reflect the region's varied topography. Properties range from the highest peaks in southern Britain to lowland river meadows, oak woodlands to open commons, waterfalls to traditional Welsh hill farms, a medieval castle to a temple built to commemorate naval achievements.

This publication not only acts as an introduction to the area. It also takes a look at the work of the National Trust in managing and caring for these precious landscapes – the day-to-day conservation tasks, and the philosophy that underpins this effort.

Mae deiliadau tir yr Ymddiriedolaeth yn Ne-ddwyrain Cymru yn adlewyrchu tirwedd amrywiol y rhanbarth. Amrywia yr eiddo o'r copaon uchaf yn neheudir Prydain i ddolydd afonydd ar dir isel, o goedydd derw i diroedd comin agored, o raeadrau i ffermydd mynydd traddodiadol Cymru, o gastell canoloesol i deml a adeiladwyd i goffáu gorchestion morwrol.

Mae'r cyhoeddiad hwn, yn ogystal â bod yn gyflwyniad i'r cylch, hefyd yn edrych ar waith yr Ymddiriedolaeth Genedlaethol yn rheoli a gofalu am y tirweddau gwerthfawr hyn – y tasgau cadwraeth o ddydd i ddydd, a'r athroniaeth sydd wrth gefn yr holl ymdrechion.

'Tell them ... That nature's fragile vessel doth sustain
In life's uncertain voyage ... '
William Shakespeare's *Timon of Athens*

Map of Properties
Map yr Eiddo

Newtown
Drenewydd
A470

Llanidloes

A44

A483

A470

Rhayader
Rhaeadr

A44

1 Abergwesyn
Common

A44

A470

A44

Builth Wells
Llanfair-ym-Muallt

A483

A470

2 The Begwns

A438

A40

Brecon A470
A40 *Aberhonddu*

A479

19 Tŷ Mawr Farm
9 Cwm Gwdi
6 Carno Wood
11 Cwm Sere
4 Blaenglyn Farm
10 Cwmoergwm
16 Skenfrith Castle
18 Sugar Loaf A465
5 Brecon Beacons
17 Skirrid Fawr
A40
3 Berthlwyd Farm
15 Parc Lodge Farm
A466
A4067
12 Henrhyd Falls
A470
Abergavenny
Monmouth
and Graigllech Woods
Y Fenni
Mynwy
A465
13 The Ky
7 Clytha Park Estate
A465
8 Coed y Bwnydd
A40
A4048
Merthyr Tydfil
A472
A4042
A449
A466
A4059
A472
A48
A4061
M4
A472
M4
A470
A469
A48
M4
A4119
Newport
M4
Casnewydd
Bridgend
14 Lanlay Meadows
Penybont
CARDIFF
A48
CAERDYDD

Bristol Channel

Key to Map

1. Abergwesyn Common
Wild tract of remote upland in the Cambrian Mountains, the 'roof of Wales'. Consists of undulating plateau moorland rising to around 650m. Much of its surface covered by blanket peat. Access by foot off narrow mountain road between Abergwesyn and Tregaron. 6677ha. Bought in 1984.

2. The Begwns
Open common land rising to 415m above the looping river Wye in beautiful border country between Builth Wells and Hay-on-Wye. Spectacular views. 524ha. Acquired in 1992.

3. Berthlwyd Farm
Unimproved sheep farm in 'limestone and waterfall country' of the Brecon Beacons. Land ranges from high craggy grazing to ancient pastures and oak woodland. Access via minor road south-west of Ystradfellte and footpath. 66ha. Bought 1992.

4. Blaenglyn Farm
Typical Welsh hill farm with an enclosed grouse moor. Located in the Tarell valley beneath the main summits of the Brecon Beacons. National Trust's Dan-y-Gyrn Basecamp, focal point for Trust activities in Beacons, located here.

The Abergwesyn mountain road, Irfon valley

Accessible off A470 Brecon to Merthyr Tydfil road. 373ha. Bought 1969.

5. Brecon Beacons
Jewel in the Trust's crown in South-east Wales. The central massif of the Beacons at the heart of the national park, including Pen y Fan, at 886m the highest peak in South Wales. Open walking country with far-reaching views and many paths. 3327ha. Acquired 1965.

6. Carno Wood
Woodland adjoining Berthlwyd Farm. Waymarked walk. 15ha. Bought 1983.

The Tarell Valley
Cwm Tarell

Ffordd fynydd Abergwesyn, cwm Irfon

Allwedd i'r Map

1. Comin Abergwesyn
Ehangder gwyllt o ucheldir anghysbell ym Mynyddoedd y Cambria, 'to Cymru'. Yn cynnwys llwyfandir rhostirol tonnog yn codi i thua 650m. Llawer o'i wyneb wedi ei orchuddio â thrwch o fawn. Mynediad ar droed oddi ar y ffordd fynydd gul rhwng Abergwesyn a Thregaron. 6677ha. Prynwyd 1984.

2. Y Begwn
Tir comin agored yn codi i 415m uwchben yr Afon Gwy ddolennog mewn cefn gwlad ffiniol rhwng Llanfair ym Muallt a'r Gelli Gandryll. Golygfeydd trawiadol. 524ha. Daeth i'n meddiant 1992.

3. Fferm Berthlwyd
Fferm ddefaid heb ei gwella yng nghylch 'carreg galch a rhaeadrau' Bannau Brycheiniog. Y tir yn amrywio o dir pori uchel creigiog i borfeydd hynafol a choedwigoedd derw. Mynediad ar hyd ffordd fechan i'r de-orllewin o Ystradfellte a llwybr troed. 66ha. Prynwyd 1992.

4. Fferm Blaenglyn
Fferm fynydd draddodiadol Cymreig gyda rhostir grugieir wedi ei amgáu. Lleolwyd yng nghwm Tarell islaw prif gopaon Bannau Brycheiniog. Prif Wersyll Dan-y-Gyrn yr Ymddiriedolaeth Genedlaethol, lle canolbwyntir gweithgareddau'r Ymddiriedolaeth yn y Bannau, wedi ei leoli yma. Mynediad oddi ar ffordd yr A470 rhwng Aberhonddu a Merthyr Tudful. 373ha. Prynwyd 1969.

5. Bannau Brycheiniog
Un o ogoniannau'r Ymddiriedolaeth yn Ne-ddwyrain Cymru. Prif gopaon y Bannau yng nghanol y parc cenedlaethol, gan gynnwys Pen y Fan, y copa uchaf yn Ne

7. Clytha Park Estate

An 18th-century landscape containing a fine early 19th-century neoclassical house and other listed buildings together with extensive parkland and gardens. The castellated eye-catching folly known as Clytha Castle, built c.1790, is leased to the Landmark Trust. Clytha House is open by appointment only. Footpath walks from small car park by river Usk – access via 'old' road (not A40 dual carriageway) between Abergavenny and Raglan. 150ha. Acquired 1978.

Clytha House
Tŷ Cleidda

8. Coed y Bwnydd

Good example of well-preserved hillfort, on wooded spur overlooking Usk valley. Access via minor road from Clytha to Bettws Newydd. 10ha. Acquired 1945.

9. Cwm Gwdi

Enclosed farmland and former military training camp on northern slopes of Brecon Beacons. Access via minor road south of Brecon. Footpath to Pen y Fan from car park. 14ha. Acquired 1996.

10. Cwmoergwm

Remote valley of farmland and woodland on northern slopes of Brecon Beacons, south-west of Llanfrynach. 38ha. Acquired 1972.

11. Cwm Sere

Small wooded head of a valley at northern end of 'Gap' road through Brecon Beacons. 17ha. Bought 1973.

Cymru, sydd yn 886m. Cefn gwlad agored ar gyfer cerdded gyda golygfeydd pellweledol a llwybrau lu. 3327ha. Daeth i'n meddiant 1965.

6. Coed Carno

Coedwig y drws nesaf i Fferm Berthlwyd. Llwybr gyda chyfeirbwyntiau. 15ha. Prynwyd 1983.

7. Ystâd Parc Cleidda

Tirlun o'r 18fed ganrif yn cynnwys tŷ ysblennydd newydd-glasurol o'r 19eg ganrif gynnar ac adeiladau rhestredig eraill ynghyd â pharcdir a gerddi helaeth. Mae'r ffugadeilad trawiadol castellog o'r enw Castell Cleidda, adeiladwyd c1790, ar lês i Ymddiriedolaeth Landmark. Ceir mynediad i Dŷ Cleidda drwy apwyntiad yn unig. Llwybrau troed o'r maes parcio bychan ger yr afon Wysg – mynediad ar hyd yr 'hen' ffordd (nid ffordd ddeuol yr A40) rhwng Y Fenni a Rhaglan. 150ha. Daeth i'n meddiant 1978.

8. Coed y Bwnydd

Enghraifft dda o gaer fynyddig mewn cyflwr da, ar dafod o dir coediog yn edrych i lawr dros gwm yr Wysg. Mynediad ar hyd ffordd fechan o Gleidda i Betws Newydd. 10ha. Daeth i'n meddiant 1945.

9. Cwm Gwdi

Ffermdir wedi ei amgáu a gwersyll hyfforddi milwrol blaenorol ar lethrau gogleddol Bannau Brycheiniog. Mynediad ar hyd ffordd fechan i'r de o Aberhonddu. Llwybr troed i Ben y Fan o'r maes parcio. 14ha. Daeth i'n meddiant 1996.

10. Cwmoergwm

Cwm anghysbell o ffermdir a choedwig ar lethrau gogleddol Bannau Brycheiniog, i'r de-orllewin o Lanfrynach. 38ha. Daeth i'n meddiant 1972.

11. Cwm Sere

Pen cwm bychan coediog ar ben gogleddol ffordd y 'Bwlch' drwy Fannau Brycheiniog. 17ha. Prynwyd 1973.

12. Rhaeadr Henrhyd a Choedwig Graigllech

Rhaeadr drawiadol yn disgyn 27m i geunant coediog. Maes parcio a llwybr rhaeadr/coedwig. Yng Nghoelbren oddi ar yr A4109/A4221 rhwng Glyn Nedd ac Abercraf. 76ha. Daeth i'n meddiant 1947–1986.

12. Henrhyd Falls and Graigllech Woods
Spectacular waterfall plunges 27m into wooded gorge. Car park and waterfall/woodland walk. At Coelbren just off A4109/A4221 between Glyn Neath and Abercraf. 76ha. Acquired 1947–1986.

13. The Kymin
Prominent 256m hilltop above Monmouth, with splendid views of the town, Wye and Monnow valleys. Two interesting buildings here – Round House (picturesque belvedere built in 1794) and Naval Temple (built in 1800 to commemorate Britain's victories at sea). Nelson visited the site in 1802. 4ha. Acquired 1902.

14. Lanlay Meadows
Unimproved, undrained river meadows near Peterston super Ely in the Vale of Glamorgan. 8ha. Acquired 1998.

15. Parc Lodge Farm
Large hill farm in wooded valley, enclosed within southern folds of Sugar Loaf mountain near Abergavenny. No access by car. 198ha. Bought 1991.

16. Skenfrith Castle
Together with Grosmont and White Castle, one of the 'Three Castles of Gwent' dating from Norman times, built to control a strategic section of borderland. Well-preserved walls, towers and keep. In the care of Cadw: Welsh Historic Monuments. 2ha. Acquired 1936.

17. Skirrid Fawr
Steep hill, the most eastern outcrop of the Black Mountains. Remains of ancient chapel and hill fort on rugged 486m summit. Magnificent views. Good path to top off B4521 about 2 miles north-east of Abergavenny. 83ha. Acquired 1939. Trust also owns Pant Skirrid Wood and Caer Wood, 14ha of hardwood and conifers on southern approach to the summit (bought 1986), accessible by same footpath to summit.

18. Sugar Loaf
Conical 596m mountain dominating the landscape around Abergavenny. Lower slopes are covered by oak woodland, with magnificent open countryside, commons and heather moor above. Follow minor road off A40 a mile west of Abergavenny for car park and walk to summit. 862ha. Acquired 1936.

19. Tŷ Mawr Farm
Traditional manorial farm in Tarell valley beneath the highest mountains in the Brecon Beacons. Retains a rare surviving example of a corn-drying kiln. 121ha. Acquired 1998.

Skirrid Fawr   Ysgyryd Fawr

13. Y Cymin
Copa bryn amlwg o 256m uwchben Mynwy, gyda golygfeydd ardderchog o'r dref, a chymoedd Gwy a Mynwy. Dau adeilad diddorol yma – y Tŷ Crwn (belfedir trawiadol a adeiladwyd ym 1794) a'r Deml Forwrol (a adeiladwyd ym 1800 i goffáu buddugoliaethau Prydain ar y môr). Ymwelodd Nelson â'r safle ym 1802. 4ha. Daeth i'n meddiant 1902.

14. Dolydd Lanle
Dolydd afon heb eu gwella na'u draenio ger Llanbedr-y-fro ym Mro Morgannwg. 8ha. Daeth i'n meddiant 1998.

15. Fferm Parc Lodge
Fferm fynydd fawr mewn cwm coediog, wedi ei hamgylchynu gan lethrau deheuol mynydd Pen-y-fâl ger Y Fenni. Dim mynediad i geir. 198ha. Prynwyd 1991.

16. Castell Ynysgynwraidd
Ynghyd â'r Grysmwnt a'r Castell Gwyn, un o 'Dri Chastell Gwent' yn dyddio o'r cyfnod Normanaidd, a adeiladwyd i reoli adran strategol o'r ffindir. Cloddiau, tyrau a gorthwr mewn cyflwr da. Yng ngofal Cadw: Henebion Cymreig. 2ha. Daeth i'n meddiant 1936.

17. Ysgyryd Fawr
Bryn serth, brigiad mwyaf dwyreiniol y Mynyddoedd Duon. Gweddillion capel hynafol a chaer fynydd ar y copa creigiog 486m. Golygfeydd bendigedig. Llwybr da i'r copa oddi ar y B4521 tua 2 filltir i'r gogledd-ddwyrain o'r Fenni. 83ha. Pwrcaswyd 1939. Mae'r Ymddiriedolaeth hefyd yn berchen ar Goed Pant Ysgyryd a Choed Caer, 14ha o goed caled a chonifferau ar y ffordd ddeheuol i'r copa (prynwyd 1986). Ceir mynediad o'r un llwybr i'r copa.

18. Pen-y-fâl
Mynydd pigfain 596m yn arglwyddiaethu ar y tirlun o amgylch Y Fenni. Gorchuddir y llethrau isaf gan goedwigoedd derw, gyda chefn gwlad agored, tiroedd comin a rhostir grugog uwchben. Dilynwch y ffordd fechan oddi ar yr A40 filltir i'r gorllewin o'r Fenni am y maes parcio a'r llwybr i'r copa. 862ha. Daeth i'n meddiant 1936.

19. Fferm Tŷ Mawr
Fferm faenoraidd draddodiadol yng nghwm Tarell islaw mynyddoedd uchaf Bannau Brycheiniog. Ceir yno enghraifft brin o odyn sychu grawn ŷd wedi goroesi. 121ha. Daeth i'n meddiant 1998.

'Conservation is about negotiating the transition from past to future in such a way as to secure the transfer of maximum significance.'

Linking People and Place (1995), Allan Holland and Kate Rowles

'Mae cadwraeth yn golygu trafod y newid o'r gorffennol i'r dyfodol mewn ffordd fydd yn sicrhau'r trosglwyddiad gyda'r arwyddocâd mwyaf.'

Linking People and Place (1995), Allan Holland a Kate Rowles

Main photograph:
Spring woodland flowers at Clytha

Left to right:
Dead wood is an important wildlife habitat
Wet areas encourage profuse plant life
Upland vegetation in the Beacons

Prif ffotograff:
Blodau'r goedwig yn y gwanwyn yng Nghleidda

Chwith i'r dde:
Mae coed marw yn gynefin bywyd gwyllt pwysig
Mae llecynnau gwlyb yn annog tyfiant helaeth o blanhigion amrywiol
Llystyfiant yr ucheldir yn y Bannau

Conservation in Practice

The wild, sometimes savage, beauty of the Brecon Beacons is vulnerable. Outright ownership is the ultimate protection against the ever-increasing threats facing our countryside – which is why the Trust acquired the Beacon's summits, the open commons of the Begwns in Radnorshire and the vast 6677ha Abergwesyn Common. But that's just the starting point. Landscapes do not look after themselves – they need constant care and attention if they are to thrive and survive.

There are no easy solutions. Conservation is a complex matter which can take on many meanings, especially in a region as diverse as South-east Wales. It can mean one thing on the quiet riverside meadows just above sea level in the Vale of Glamorgan and something vastly different in the much-visited – and vulnerable – high country of the Beacons.

There are further challenges. Conservation does not imply a static countryside, frozen in time – it has to embrace past, present and future, it is inescapably bound up with the management of change. The Trust's central purpose remains the sympathetic management of land in its ownership. Management plans, individually tailored to its various properties, have to be drawn up by the Trust. These act as blueprints for action, covering everything from grazing, fencing and drainage to public access and the removal of bracken.

Cadwraeth Ymarferol

Mae harddwch gwyllt Bannau Brycheiniog o dan fygythiad. Perchenogaeth llwyr yw'r warchodaeth eithaf yn erbyn y bygythiadau sydd yn wynebu ein cefn gwlad ac sydd yn amlhau'n ddyddiol. Dyma pam y prynwyd copaon y Bannau, tiroedd comin agored y Begwn yn Sir Faesyfed a Chomin enfawr 6677ha Abergwesyn gan yr Ymddiriedolaeth. Dyma'r man cychwyn yn unig, fodd bynnag. Nid yw tirluniau yn edrych ar ôl eu hunain – maent angen gofal a sylw cyson os ydynt i ffynnu a goroesi.

Nid oes atebion hawdd. Mae cadwraeth yn gymhleth ac yn gallu golygu llawer peth, yn enwedig mewn rhanbarth sydd mor amrywiol â De-ddwyrain Cymru. Gall olygu un peth ar ddolydd distaw yr afonydd ychydig uwchben lefel y môr ym Mro Morgannwg a rhywbeth hollol wahanol ar diroedd uchel ac o dan fygythiad y Bannau, lle ceir llawer o ymwelwyr.

Mae llawer i her eto. Nid yw cadwraeth yn golygu cefn gwlad disymud, wedi ei rewi mewn amser – rhaid cwmpasu'r gorffennol, y presennol a'r dyfodol, ac mae rheoli newid wrth wraidd y gwaith. Pwrpas canolog yr Ymddiriedolaeth, fel y bu erioed, yw rheolaeth ymatebol ar y tir yn ei eiddo. Rhaid i'r Ymddiriedolaeth lunio cynlluniau rheolaeth, wedi eu haddasu i'w hamrywiol eiddo. Mae'r rhain yn gweithredu fel glasbrintiau ar gyfer gweithredu, gan gynnwys pob dim o bori, ffensio a draeniad i fynediad i'r cyhoedd a thrin rhedyn.

Main photograph:
Parc Lodge Farm, Sugar Loaf

Inset:
Generations of farmers have shaped our landscape

Prif ffotograff:
Fferm Parc Lodge, Mynydd Pen-y-fâl

Llun bach:
Mae cenedlaethau o amaethwyr wedi llunio ein tirlun

Farming

The countryside is a living, working landscape, given shape and character not just by nature but also by the influence of farming. In this part of Wales, the National Trust has acquired a number of sheep and cattle farms to help preserve traditional practices. Their survival and that of the countryside are inextricably entwined.

Farming in upland Wales is a marginal business. Changes in the Tarell valley, which runs northwards from Storey Arms to Brecon, are a microcosm of the way in which farming is changing throughout upland Wales. In this lovely valley, which shelters beneath the Beacons' highest peaks, the Trust's interest is focused on two traditional Welsh hill sheep farms, Blaenglyn and Tŷ Mawr, accounting between them for 494ha of land. The valley now supports just these two farms where once there were over 10 dwellings. Over the years individual farms consolidated into bigger units and retreated from the high country to the better land lower down. Some of the farms that became redundant assumed new roles – one is now a Youth Hostel, others provide holiday and residential accommodation. Other farms and cottages fell derelict, and one was swept away by the new Merthyr Tydfil to Brecon A470.

The Trust's aim here is to keep intact the traditional farming landscape, a mosaic of fields, woods and dingles climbing to upland sheep walks and heather moor. These landscapes are being preserved by encouraging sympathetic farming methods, clearing bracken, monitoring grazing and reinstating hedgerows.

Similar work goes on at other farms in the region, such as Parc Lodge on the Sugar Loaf and Berthlwyd near Ystradfellte.

Ffermio

Mae cefn gwlad yn dirlun byw gyda phobl yn gweithio ynddo, a chafodd ei ffurf a'i gymeriad nid yn unig oddi wrth natur ond hefyd drwy ddylanwad ffermio. Yn yr ardal hon, mae'r Ymddiriedolaeth Genedlaethol wedi pwrcasu nifer o ffermydd defaid a gwartheg er mwyn cynnal ymarferion traddodiadol. Mae eu goroesiad a goroesiad cefn gwlad yn annatod.

Mae ffermio ar ucheldir Cymru yn fusnes ymylol. Mae newidiadau yng nghwm Tarell, sydd yn rhedeg tua'r gogledd o'r Storey Arms i Aberhonddu, yn adlewyrchu'r ffordd y mae ffermio yn newid yn ucheldir Cymru. Yn y cwm hardd hwn, sydd yn cysgodi o dan gopaon uchaf y Bannau, mae diddordeb yr Ymddiriedolaeth wedi ei ganolbwyntio ar ddwy fferm ddefaid mynydd traddodiadol, Blaenglyn a Thŷ Mawr, sydd â chyfanswm o 494ha o dir rhyngddynt. Lle bu unwaith dros ddeg o gartrefi, mae'r cwm bellach yn cynnal y ddwy fferm hon yn unig. Dros y blynyddoedd bu i ffermydd unigol doddi'n unedau mwy a chefnu ar yr ucheldir i'r tir gwell yn is i lawr. Bu i rhai o'r ffermydd hyn addasu ar gyfer defnydd newydd – mae un bellach yn Hostel Ieuenctid, mae eraill yn darparu llety ar gyfer ymwelwyr a phreswylwyr. Dadfeiliodd rhai o'r ffermydd a'r bythynnod eraill, ac fe ysgubwyd un ymaith gan yr A470 newydd.

Nod yr Ymddiriedolaeth yma yw cadw'r tirlun ffermio traddodiadol yn gyfan, gyda chymysgedd o gaeau, coedwigoedd a glynnoedd yn dringo at lwybrau defaid yr ucheldir a rhostir grugog. Mae'r tirluniau hyn yn cael eu gwarchod trwy annog dulliau ffermio ymatebol, torri rhedyn, monitro pori ac ail blannu gwrychoedd.

Mae gwaith cyffelyb yn digwydd ar ffermydd eraill yn y rhanbarth, fel Parc Lodge ar Ben-y-fâl a Berthlwyd ger Ystradfellte.

Main photograph:
The open spaces of the Sugar Loaf

Left to right:
The Brecon Beacons
There's wonderful walking in this
part of Wales

Prif ffotograff:
Mannau agored Mynydd Pen-y-fâl

Chwith i dde:
Bannau Brycheiniog
Ceir mannau ardderchog i gerdded
yn y rhan hon o Gymru

Common Land

Upland commons are a major feature not only in this region but throughout Wales. In South-east Wales, the National Trust's main areas of common land are to be found on the Brecon Beacons, Sugar Loaf, Begwns and Abergwesyn. Walkers enjoy unrestricted access to these wide, open spaces, which are prized for the rare sense of freedom and exhilaration they bring. But there are rules and regulations relating to commons which are subject to much misunderstanding.

Unenclosed commons are a remnant of the Norman manorial system. It is often thought that no one owns common land, or that it is in the ownership of everyone. Both are incorrect. Common land is privately owned, though local farmers have rights to graze it. These grazing rights are crucial to the survival of small hill sheep farms: they depend heavily on their legal access to the commons for summer grazing so that they can harvest a hay crop on their lands lower down for winter feed.

The National Trust's hands are to a certain extent tied when it comes to managing common land in its ownership because of the legal grazing rights that exist. Nevertheless, the Trust monitors closely any changes that may be occurring in the archaeological, botanical and wildlife significance of commons so that appropriate action can be taken. Another important feature of common land is public access, which the Trust invests heavily in, especially in its work in the Brecon Beacons.

Tir Comin

Mae tiroedd comin yr ucheldir yn brif nodwedd nid yn unig o'r rhanbarth hwn ond ledled Cymru. Yn Ne-ddwyrain Cymru, lleolir prif ardaloedd o dir comin yr Ymddiriedolaeth Genedlaethol ar Fannau Brycheiniog, Pen-y-fâl, y Begwn ac Abergwesyn. Gall cerddwyr fwynhau mynediad di-rwystr i'r mannau agored hyn. Mae yna, fodd bynnag, nifer o reolau sydd yn berthnasol i diroedd comin, a cheir cryn gamddealltwriaeth yn aml ynglŷn â'r rhain.

Mae tiroedd comin heb eu hamgáu yn dyddio'n ôl cyn belled â'r system faenoraidd Normanaidd. Yn aml, ystyrir nad oes perchennog i dir comin, neu ei fod ym mherchnogaeth pawb. Mae'r ddau yn anghywir. Perchnogion preifat sydd yn berchen ar dir comin, er bod gan ffermwyr lleol hawl i'w bori. Mae'r hawliau pori hyn yn hanfodol i oroesiad ffermydd defaid mynydd bach: maent yn hollol ddibynnol ar eu mynediad cyfreithiol i'r tiroedd comin ar gyfer pori yn ystod yr haf fel eu bod yn gallu medi cnwd o wair ar eu tiroedd yn is i lawr ar gyfer porthiant gaeaf.

I raddau mae dwylo'r Ymddiriedolaeth Genedlaethol wedi eu clymu pan ddaw hi i reoli tiroedd comin yn ei pherchnogaeth oherwydd yr hawliau pori cyfreithlon sydd yn bodoli. Serch hynny, mae'r Ymddiriedolaeth yn monitro'n fanwl unrhyw newidiadau all fod yn digwydd o arwyddocâd archeolegol, botanegol a bywyd gwyllt fel bo modd gweithredu mewn modd addas. Nodwedd bwysig arall o dir comin yw mynediad i'r cyhoedd, ac mae'r Ymddiriedolaeth yn buddsoddi'n drwm yn hyn, yn enwedig ar Fannau Brycheiniog.

YR YMDDIRIEDOLAETH GENEDLAETHOL · THE NATIONAL TRUST

SUGAR LOAF PEN~Y~FAL

Main Photograph:
Coed y Bwnydd Iron Age
hillfort

Inset:
Parts of the Beacons are
rich in prehistoric
remains

Prif ffotograff:
Caer fynyddig Coed y
Bwnydd o'r Oes Haearn

Llun bach:
Ceir gweddillion cyn-
hanesyddol gwerthfawr
mewn rhannau o'r
Bannau

The Distant Past

Scattered throughout the Brecon Beacons are archaeological sites which reveal evidence of some of the earliest occupants of the area. Perhaps the most impressive are the mountaintop cairns thought to have been built between three and four thousand years ago. Both Pen y Fan and Corn Du were once crowned with massive piles of stone, marking mysterious burial places. The Pen y Fan cairn deteriorated at an alarming rate in the 1970s and 1980s, visitor erosion and weathering reducing its dimensions by almost a half. This prompted the National Trust to commission a rescue excavation to record details of the remaining archaeology.

Similar cairns and settlement sites consisting of circular huts surrounded by small fields are found on the lower slopes of the Beacons. It is thought that a slightly warmer climate allowed our Bronze Age ancestors to farm land which is today marginal, suitable only for sheep.

The eastern fringes of South-east Wales are noted for their wealth of Iron Age hillforts. Probably the finest in Trust ownership is Coed y Bwnydd near Clytha in rolling countryside between Abergavenny and Raglan. Over the years, this prominent spur of land above the river Usk has become thickly wooded. Yet this large fortification's original banks and ditches are still clearly present. It is a beautiful, evocative spot, especially in late spring when its oak and ash woods are carpeted with bluebells.

Y Gorffennol Pell

Wedi eu gwasgaru ledled Bannau Brycheiniog mae safleoedd archeolegol sydd yn datguddio tystiolaeth am rai o breswylwyr cynharaf yr ardal. Efallai mai'r mwyaf trawiadol yw'r carnau y credir iddynt gael eu hadeiladu ar y copaon rhwng tair a phedair mil o flynyddoedd yn ôl. Ar un adeg roedd Pen y Fan a Chorn Du wedi eu coroni â thyrau anferth o gerrig, yn nodi safleoedd claddu cyfrin. Dirywiodd carn Pen y Fan yn sylweddol yn y 1970au a'r 1980au, gydag erydiad ac effeithiau'r tywydd yn haneru ei faint. Oherwydd hyn, comisiynwyd cloddfa gan yr Ymddiriedolaeth Genedlaethol i geisio achub a chofnodi manylion yr archeoleg oedd ar ôl.

Ceir hyd i olion tebyg o garnau a safleoedd anheddau, sydd yn cynnwys cytiau crwn a amgylchynir gan gaeau bychain, ar lethrau isaf y Bannau. Credir bod hinsawdd fymryn yn gynhesach wedi galluogi ein cyndadau o'r Oes Efydd i ffermio tir sydd heddiw yn ymylol, ac yn addas ar gyfer defaid yn unig.

Mae ffiniau dwyreiniol De-ddwyrain Cymru yn nodedig am eu caerau mynydd niferus o'r Oes Haearn. Mae'n debyg mai'r un orau ym mherchnogaeth yr Ymddiriedolaeth yw Coed y Bwnydd ger Cleidda mewn cefn gwlad tonnog rhwng Y Fenni a Rhaglan. Dros gyfnod o amser, mae coed trwchus wedi tyfu ar y trwyn amlwg yma o dir uwchben yr afon Wysg. Serch hyn, mae ponciau a ffosydd yr amddiffynfa fawr hon yn dal yn amlwg iawn. Mae'n llecyn hardd, yn enwedig yn hwyr yn y gwanwyn pan geir trwch o glychau'r gog yn carpedu'r coedydd derw ac ynn.

Main photograph:
Skenfrith Castle

Left to right:
Detail of gateway, Clytha
Clytha Castle
Barn roof access, Blaenglyn Farm
Jacobean roof, Chapel Farm, Clytha

Prif ffotograff:
Castell Ynysgynwraidd

Chwith i'r dde:
Manylion y porth, Cleidda
Castell Cleidda
Mynediad i do'r ysgubor, Fferm Blaenglyn
To Jacobeaidd, Fferm y Capel, Cleidda

Historic Monuments

The National Trust is concerned with preserving the built heritage as well as landscapes. This area boasts a fascinating range of sites, including significant medieval fortifications and farmhouses together with vernacular farm buildings.

Skenfrith Castle controlled a strategic section of border country. The original Norman stronghold – a simple earth-and-timber structure – was rebuilt in stone in the 13th century. Its outstanding feature is a great round keep, protected within a ring of curtain walls.

The summit of The Kymin presents a late 18th-century landscape, and includes a Round House built as a gentleman's dining club in 1794 and Naval Temple opened in 1801. Clytha Park Estate contains a number of notable buildings including Clytha Castle, a dramatic Gothic folly dating from 1790 (now let for holiday accommodation through the Landmark Trust) and a listed Jacobean farmhouse. Surveys of Tŷ Mawr in the Brecon Beacons suggest that this small farmstead may occupy the site of a late medieval manor house.

Humble traditional buildings and vernacular everyday features are important to the landscape and are a valuable record of how we lived. At Berthlwyd Farm near Ystradfellte the Trust undertook the complete renovation of a traditional farmstead. Even when adding to farms – as at Parc Lodge on the Sugar Loaf, where a new courtyard and buildings were created in traditional style – the Trust looks to the future with an eye on the past.

Cofebau Hanesyddol

Mae'r Ymddiriedolaeth Genedlaethol yn gwarchod ein hetifeddiaeth adeiledig yn ogystal â thirluniau. Yn yr ardal hon ceir amrywiaeth cyfareddol o safleoedd, gan gynnwys amddiffynfeydd canoloesol arwyddocaol a ffermdai ynghyd ag adeiladau fferm cynhenid.

Roedd Castell Ynysgynwraidd yn rheoli adran strategol o ffindir. Ail-adeiladwyd y cadarnle Normanaidd gwreiddiol – adeilad syml o bridd a choed – gyda cherrig yn y drydedd ganrif ar ddeg. Ei brif nodwedd yw gorthwr mawr crwn, wedi ei amddiffyn oddi mewn i gylch o waliau amddiffyn.

Ar gopa'r Cymin ceir tirlun o ail hanner y ddeunawfed ganrif, sydd yn cynnwys Tŷ Crwn a adeiladwyd fel clwb ciniawa gwŷr bonheddig ym 1794, a Theml Forwrol a agorwyd ym 1801. Ar Ystâd Parc Cleidda ceir nifer o adeiladau nodedig gan gynnwys Castell Cleidda, ffugadeilad Gothig trawiadol yn dyddio o 1790 (sydd bellach yn cael ei osod fel llety gwyliau drwy Ymddiriedolaeth Landmark) a thŷ fferm Jacobeaidd restredig. Mae arolygon o Dŷ Mawr ym Mannau Brycheiniog yn awgrymu bod y fferm fechan hon wedi ei lleoli ar safle maenordy canol oesol hwyr.

Mae adeiladau traddodiadol diymhongar a nodweddion cynhenid yn bwysig i'r tirlun ac yn gofnod gwerthfawr o sut yr oeddem yn arfer byw. Ar Fferm Berthlwyd ger Ystradfellte adferwyd y fferm draddodiadol yn llwyr gan yr Ymddiriedolaeth. Hyd yn oed wrth ychwanegu at ffermydd – fel ym Mharc Lodge ar Ben-y-fâl, lle crëwyd cowt ac adeiladau newydd mewn arddull draddodiadol – mae'r Ymddiriedolaeth yn edrych i'r dyfodol tra'n cadw un llygad ar y gorffennol.

Above:
Footpath repair on the Beacons

Below:
Access for walkers at Parc Lodge Farm

Uwchben:
Trwsio llwybrau ar y Bannau

Isod:
Mynediad i gerddwyr yn Fferm Parc Lodge

Access for All – at a Cost

The National Trust was founded to preserve and protect – but also to give people that 'place to breathe' in special places. Inevitably, these dual aims are sometimes in conflict. It is a dilemma that can only too clearly be seen on the much-trodden path to the summit of the Brecon Beacons from Storey Arms. What was 40 years ago a single sheep track has become a jagged scar, caused by erosion from countless thousands of walking boots and 230cm of rain a year.

There are many lovely places to walk in this region – the woodlands at Henrhyd Falls, Carno, Skirrid Fawr and Coed y Bwnydd, the high country of The Begwns and Sugar Loaf, the wild, challenging plateaux of Abergwesyn Common. But none captures the imagination more than the Brecon Beacons, the mountains at the heart of the national park. Here, footpath erosion is at its worst. The simple solution would be to construct highly engineered roads. But walkers in search of untouched countryside do not like them – and, more to the point, their presence brutalises natural landscapes forever.

In the Beacons, paths are 'pitched', a method dating from Roman times in which stones are turned on their edge and set into the ground side by side to create a path that is solid, well-drained and friendly both to the environment and walkers. It is a labour-intensive operation that involves a permanent two-person team, hundreds of volunteers, many thousands of pounds each year and even the occasional help of an army helicopter to transport stone.

Mynediad i Bawb – am Bris

Sefydlwyd yr Ymddiriedolaeth Genedlaethol i gadw a gwarchod – ond hefyd i sicrhau 'man i anadlu' mewn llecynnau arbennig. Yn anochel, mae'r ddau amcan yma yn gwrthdaro ambell dro. Dyma benbleth y gellir ei gweld yn llawer rhy glir ar y llwybr sydd bellach yn amlwg i gopa Bannau Brycheiniog o'r Storey Arms. Deugain mlynedd yn ôl nid oedd y llwybr yn ddim ond llwybr defaid unigol ond mae bellach yn graith hyll o ganlyniad i erydiad miloedd o esgidiau cerdded a 230cm o law y flwyddyn.

Ceir llawer o leoedd hyfryd i gerdded yn y rhanbarth hwn – coedwigoedd Rhaeadr Henrhyd, Carno, Ysgyryd Fawr a Choed y Bwnydd, tir uchel y Begwn a Phen-y-fâl, llwyfandir gwyllt a herfeiddiol Comin Abergwesyn. Yn goron ar y cyfan, fodd bynnag, mae Bannau Brycheiniog, y mynyddoedd wrth galon y parc cenedlaethol. Yma, mae erydiad llwybrau ar ei waethaf. Yr ateb syml fyddai adeiladu ffyrdd wedi eu saernïo'n grefftus, ond nid yw cerddwyr sydd yn chwilio am gefn gwlad heb ei ddifetha yn eu hoffi ac, yn fwy perthnasol, mae eu bodolaeth yn gwneud argraff fawr ar dirluniau naturiol am byth.

Yn y Bannau, mae llwybrau yn cael eu hadeiladu o gerrig wedi eu gosod ar oleddf, dull sydd yn dyddio o gyfnod y Rhufeiniaid pryd y gosodwyd cerrig yn y ddaear ochr yn ochr i greu llwybr sydd yn gadarn, wedi ei ddraenio'n dda, ac yn dderbyniol i'r amgylchedd a cherddwyr. Mae'n ddull sydd yn defnyddio llawer o lafur, miloedd o bunnoedd bob blwyddyn a hyd yn oed gymorth ambell i hofrennydd y fyddin i gludo cerrig.

Much effort also goes into providing access to woodlands. Woodland, a significant element of the landscape here, includes the ancient oaks on the Sugar Loaf, Clytha's parkland woodlands and ex-Forestry Commission conifer plantations at Skirrid Fawr and Carno Wood which are gradually being returned to native deciduous woodlands.

This latter task is particularly challenging. The final objective here is to create a varied, mixed-age deciduous woodland managed for its landscape and conservation value. At the same time, the Trust wishes to maximise its returns on the conifers by harvesting them, despite the uneconomic nature of the original Forestry Commission plantation. Waymarked paths have been installed, and in summer clouds of butterflies add to the growing attractiveness of these woods.

Other labour-intensive, time-consuming tasks include fencing, ditch digging, bracken clearing and the preservation of traditional features – the replanting of hedgerows (which act as important corridors for wildlife) and the repair of dry-stone walls.

Felling softwoods at Carno
Cwympo coed meddal yng Ngharno

Gwneir ymdrech fawr hefyd i ddarparu mynediad i goedwigoedd. Mae coedwigoedd, elfen arwyddocaol o'r tirlun yma, yn cynnwys y coed derw hynafol ar Ben-y-fâl, coedwigoedd parcdir Cleidda a phlanhigfeydd coniffer y Comisiwn Coedwigaeth gynt ar Ysgyryd Fawr a Choed Carno sydd yn graddol ddychwelyd i goedwigoedd collddail cynhenid.

Mae'r cynllun yng nghoed Carno yn gosod her arbennig. Y nod terfynol yw creu coedwig gollddail amrywiol o oedran cymysg a reolir am ei werth o safbwynt tirlun a chadwraeth. Ar yr un pryd, mae'r Ymddiriedolaeth yn dymuno sicrhau cyn gymaint o elw â phosib ar y conifferau trwy eu cynaeafu, er gwaethaf natur aneconomaidd y blanhigfa Comisiwn Coedwigaeth wreiddiol. Eisoes sefydlwyd llwybrau wedi eu cyferbwyntio, ac yn yr haf mae cymylau o löynnod byw yn ychwanegu at hyfrydwch cynyddol y goedwig hon.

Ymysg y tasgau eraill sydd angen cryn lafur ac amser mae ffensio, torri rhedyn a gwarchodaeth nodweddion traddodiadol – ail blannu gwrychoedd (sydd yn gweithredu fel llwybrau pwysig i fywyd gwyllt) a thrwsio cloddiau cerrig sych.

Maintaining traditions
– hedge laying and dry-
stone walling

Cynnal traddodiadau –
plygu gwrychoedd a
chodi cloddiau cerrig
sych

People

Phil Park, National Trust Property Manager, South-east Wales

Phil has worked for the Trust for 14 years. He leads an estate team of nine, which has the day - to-day responsibility of implementing agreed management plans on 14,000ha of land scattered over South-east and Mid Wales. Phil negotiates a delicate balancing act between the sometimes conflicting aims of conservation, access, agriculture and archaeology.

Robert Reith, National Trust Access Warden

Rob has worked in the Brecon Beacons for over 10 years. His knowledge of the arcane art of upland footpath management is encyclopaedic. Knowing where to put paths is as important as how to build them. A path has to take a line that walkers will use, blend in with the lie of the land, and have a stable, well-drained surface. You are likely to meet Rob when walking in the Beacons – he is our man at the top, in the hills throughout the year battling the elements in the ongoing struggle to protect upland paths.

Pobl

Phil Park, Rheolwr Eiddo yr Ymddiriedolaeth Genedlaethol, De-ddwyrain Cymru

Mae Phil wedi gweithio i'r Ymddiriedolaeth Genedlaethol ers pedair blynedd ar ddeg. Mae'n arwain tîm o naw, sydd â'r cyfrifoldeb o ddydd i ddydd o weithredu cynlluniau rheolaeth a gytunwyd eisoes ar 14,000ha o dir a wasgarwyd dros De-ddwyrain a Chanolbarth Cymru. Gwaith Phil yw trin a thrafod er mwyn sicrhau cydbwysedd rhwng amcanion cadwraeth, mynediad, amaethyddiaeth ac archeoleg, amcanion sydd ambell waith yn gwrthdaro.

Robert Reith, Warden Mynediad yr Ymddiriedolaeth Genedlaethol

Mae Rob wedi gweithio ar Fannau Brycheiniog ers dros ddeng mlynedd. Bellach mae ganddo wybodaeth eang o'r gelfyddyd o reolaeth llwybrau ar yr ucheldir. Mae gwybod ym mhle i osod llwybrau yr un mor bwysig â sut i'w hadeiladu. Rhaid i lwybr ddilyn llinell y bydd cerddwyr yn ei ddefnyddio, tra'n gweddu â'r tir o gwmpas, gyda wyneb sefydlog wedi ei ddraenio'n dda. Rydych yn debygol o gyfarfod Rob tra'n cerdded ar y Bannau – ef yw ein dyn ar y copaon, ar y bryniau drwy gydol y flwyddyn yn herio'r elfennau tra'n brwydro'n barhaol i warchod llwybrau'r ucheldir.

Jim, Janet and Jean Llewellyn, Tenant Farmers

Jean is the fifth generation of the Llewellyn family to have lived and worked at Berthlwyd Farm, Ystradfellte. The family's careful husbandry and steadfast refusal to follow the trend of ever-increasing agricultural intensification means that Berthlwyd is now home to some of the richest traditional hay meadows anywhere in Wales. Jim and Janet have witnessed enormous changes during their lifetime at Berthlwyd, most notably the arrival of the commercial forestry plantations that have swallowed up neighbouring farms and diminished local populations.

Jim, Janet a Jean Llewellyn, Tenantiaid Fferm

Jean yw pumed genhedlaeth y teulu Llewellyn i fyw a gweithio yn Fferm Berthlwyd, Ystradfellte. Oherwydd amaethu gofalus y teulu a'u hamharodrwydd i ddilyn y tueddiad cynyddol i ddwysau amaethyddiaeth mae Berthlwyd erbyn hyn yn gartref i rai o'r caeau gwair traddodiadol cyfoethocaf yng Nghymru. Bu Jim a Janet yn dystion i newidiadau mawr yn ystod eu hoes ym Merthlwyd, ac mae'n debyg mai'r newid mwyaf oedd dyfodiad y planhigfeydd coedwigaeth masnachol sydd wedi llyncu ffermydd gerllaw a lleihau poblogaethau lleol.

The Gifts of Time and Money

The work provided by volunteers is crucial. Each year, many hundreds of volunteers come to South-east Wales to help with vital conservation work. Some are on working holidays, staying at the Dan-y-Gyrn Basecamp at Blaenglyn farm in the heart of the Brecon Beacons. Many others also get involved – there are the 'Lengthmen', for example, volunteers who adopt a length of footpath, taking the responsibility for its repair and maintenance. Without them all, the Trust could not begin to meet its goals.

Walling at Parc Lodge Farm
Codi cloddiau yn Fferm Parc Lodge

Fundraising is another vital activity. As an independent charity, the Trust relies on gifts and donations to survive. The Friends of the Brecon Beacons and local associations of members at Cardiff, the Vale of Glamorgan and Gwent not only fundraise but help spread the message by organising winter talks programmes and summer visits.

Costs – and challenges – are forever increasing. In the

Rhoddion o Amser ac Arian

Mae'r gwaith a wneir gan wirfoddolwyr yn hanfodol. Pob blwyddyn, mae rhai cannoedd o wirfoddolwyr yn dod i Dde-ddwyrain Cymru i fod o gymorth gyda gwaith cadwraeth angenrheidiol. Mae rhai ar wyliau gweithio, gan aros ym Mhrif Wersyll Dan-y-Gyrn ar Fferm Blaenglyn yng nghanol Bannau Brycheiniog. Ceir llawer o bobl eraill hefyd, er enghraifft yr 'Hewlwyr', gwirfoddolwyr sydd yn mabwysiadu darn o lwybr, gan dderbyn cyfrifoldeb am ei drwsio a'i gynnal a'i gadw. Hebddynt hwy, ni fyddai'r Ymddiriedolaeth yn gallu rhoi cychwyn ar gyfarfod â'i amcanion.

Mae codi arian yn weithgaredd angenrheidiol arall. Fel elusen annibynnol, mae'r Ymddiriedolaeth yn dibynnu ar roddion a chyfraniadau i oroesi. Mae Ffrindiau Bannau Brycheiniog a chymdeithasau lleol o aelodau yng Nghaerdydd, Bro Morgannwg a Gwent nid yn unig yn codi arian ond hefyd yn lledaenu'r neges drwy drefnu rhaglenni siarad yn y gaeaf ac ymweliadau yn ystod yr haf.

James Benjamin Garsed Price
1866–1946

For over 50 years, much of the National Trust's work in Breconshire has been funded by the bequest of this remarkable benefactor. Garsed Price, an enthusiastic sportsman who lived in Sennybridge, was a solicitor, magistrate and High Sheriff of Breconshire. His will testifies to his breadth of interests and ardent support for conservation and antiquarian causes. Garsed Price left Henrhyd Falls and Coelbren Farm to the National Trust as well as half the proceeds of his estate. The Trust has used the J B Garsed Price Fund to acquire and help maintain the following land in Breconshire: Berthlwyd Farm, Blaenglyn Farm, Carno Wood, Cwm Gwdi and Cwm Sere.

Am ragor na 50 mlynedd, noddwyd llawer o waith yr Ymddiriedolaeth Genedlaethol yn Sir Frycheiniog gan gymynrodd y cymwynaswr hynod hwn. Roedd Garsed Price, heliwr brwdfrydig fu'n byw ym Mhontsenni, yn gyfreithiwr, ynad ac Uchel Siryf Sir Frycheiniog. Roedd ei ewyllys yn dyst o ehangder ei ddiddordebau a'i gefnogaeth frwd i gadwraeth a hynafiaethau. Gadawodd Garsed Price Raeadr Henrhyd a Fferm Coelbren i'r Ymddiriedolaeth Genedlaethol yn ogystal â hanner enillion ei ystâd. Mae'r Ymddiriedolaeth wedi defnyddio Cronfa J B Garsed Price i brynu a chyfrannu tuag at gynnal a chadw'r tir canlynol yn Sir Frycheiniog: Fferm Berthlwyd, Fferm Blaenglyn, Coed Carno, Cwm Gwdi a Chwm Sere.

Beacons alone, it costs £32,000 to fund the two-person footpath repair team each year. The Trust has launched an appeal, the Brecon Beacons Fund, which aims to raise £1 million to secure the future of the maintenance programme. If you would like to donate, please contact the National Trust (address on page 28).

Mae costau – a'r her – yn cynyddu'n ddyddiol. Yn y Bannau yn unig, mae'n costio £32,000 i dalu am y ddau weithiwr yn y tîm trwsio llwybrau bob blwyddyn. Mae'r Ymddiriedolaeth wedi lansio apêl, Cronfa Bannau Brycheiniog, sydd â'r nod o godi £1 miliwn er mwyn sicrhau dyfodol y rhaglen gynnal a chadw. Os hoffech gyfrannu, cysylltwch â'r Ymddiriedolaeth Genedlaethol, os gwelwch yn dda (cyfeiriad ar dudalen 28).

Wooden gates made by our training team

Giatiau pren a wnaed gan ein tîm hyfforddi

Monnow Villas, Skenfrith

Monnow Villas, Ynysgynwraidd

For Ever, *For Everyone*

From the north-facing ice-sculpted slopes of the Brecon Beacons with their rare arctic-alpine plants to the peat bogs of remote Abergwesyn Common, the Sugar Loaf's ancient oakwoods to the river meadows of the Vale of Glamorgan, this region encompasses landscapes of great variety and inestimable value. The National Trust acts as guardian of these increasingly precious places for ever, for everyone.

If you would like to find out more about how you could help the Trust in South-east Wales
please contact:
The National Trust,
Dan-y-Gyrn, Blaenglyn Farm, Libanus,
Brecon LD3 8NF

Am Byth, *I Bawb*

O lethrau gogleddol Bannau Brycheiniog a naddwyd gan rew gyda'u planhigion arctig alpaidd prin i gorsydd mawn anghysbell Comin Abergwesyn, neu goedwigoedd derw hynafol Pen-y-fâl i ddolydd afon Bro Morgannwg, ceir tirluniau o amrywiaeth mawr a gwerth na ellir ei amcanu yn y rhanbarth hwn. Mae'r Ymddiriedolaeth Genedlaethol yn gweithredu fel gwarchodwyr y llecynnau gwerthfawr hyn sydd yn gynyddol bwysig am byth, i bawb.

Os hoffech wybod mwy am sut y gallwch helpu'r Ymddiriedolaeth yn Ne-ddwyrain Cymru cysylltwch, os gwelwch yn dda, â:
Yr Ymddiriedolaeth Genedlaethol,
Dan-y-Gyrn, Fferm Blaenglyn, Libanus,
Aberhonddu LD3 8NF